Kurzweilige Kurzgeschichten

Meinen besonderen Dank möchte ich meiner Frau Ursula aussprechen welche mir geduldig mit Rat und Tat zur Seite gestanden hat und eigene Ideen in verschiedenen Geschichten einbrachte.

Kurt von der Heide

Kurzweilige Kurzgeschichten

Wer hat schon Zeit für langweilige Langgeschichten?

Wieder andere wirkten total erschüttert und waren außer sich weil sie nicht fassen konnten was hier gleich geschehen würde. Ein Teil der Menschen wirkte auch total verstört denn sie schienen sich zu freuen. Eine Lähmung, ein Schock hatte die meisten Menschen erfasst. Anders war es nicht zu beschreiben wenn man sah das sie wie hypnotisiert auf das starrten was da in der Luft auf sie zugerast kam.

Dann war es soweit: der Einschlag stand kurz bevor und schien unvermeidbar!!

Aber der Torwart bekam doch noch die Hand an den Ball und konnte ihn über das Tor lenken.

EIN UNVERGESSLICHER MOMENT

Ein Sommerurlaub in Norwegen geht zu Ende. Der Urlaub geht aber die Erinnerung an drei Wochen in einem wunderschönen Land bleibt.
Sie hatten Norwegen von der schönsten Seite kennen gelernt: glasklare Seen und Flüsse, atemberaubende Fjorde, schneebedeckte Gipfel und Wasserfälle die sich von den Bergen in die Tiefe stürzen. Eben Natur pur!
SIE das sind Oliver Berger und seine Frau Susanne, beide 39 Jahre alt und ihre beiden Kinder Joey (14) und Estelle (16) aus Münster. Die Familie hatte sich dieses Jahr ganz bewusst für Ruhe und Erholung ohne Ballermann Flair entschieden. Verschiedene Berichte und Filme im Fernsehen hatten ihre Entscheidung beeinflusst.
So hatte Familie Berger eine Holzhütte am Waldrand in den Bergen gemietet mit dem Blick auf ein langgezogenes Tal. Ein Sumpfgebiet mit vielen großen und kleinen Teichen hatte sich gebildet welche von einem munteren Bach gespeist wurden. Saftiges grün, Wälder und Berge soweit das Auge reicht. Natur so gewaltig und schön und der Mensch so klein!

Die nächste Ortschaft war mit dem Auto in zwanzig Minuten zu erreichen.
Der letzte Tag des Urlaubes war angebrochen und die vier genossen noch einmal ein gemeinsames letztes Urlaubsfrühstück. Nach dem diesen begannen sie mit ihren Abreisevorbereitungen.
Koffer und Taschen wurden gepackt, Schränke und Schubladen leer geräumt und danach die Endreinigung in allen Zimmern durchgeführt.
Am Abend gingen sie dann frühzeitig schlafen denn um am anderen Tag die Fähre pünktlich und sicher zu erreichen mussten sie um 4.00 Uhr in der Frühe aufbrechen.
Da es im Sommer nie richtig dunkel wird ist es schon ziemlich hell als sie mitten in der Nacht aufstanden. Nachdem die letzten Gepäckstücke verstaut waren warfen alle noch einen wehmütigen, Abschied nehmenden Blick in die Runde bevor sie ins Auto stiegen.
Von ihrer Hütte führte ein holpriger schmaler Weg auf eine kleine Straße und auch diese war mehr ein besserer Waldweg der sich an den Sumpfwiesen entlang schlängelte.

Über den Wiesen und den Teichen stand der Nebel und zog in Richtung der Straße dabei phantastische und märchenhafte Wesen formend.
Der Weg war schlecht und Oliver musste mit dem schwer beladenen PKW langsam fahren. Auf der linken Seite war zum greifen nah der Wald und auf der rechten Seite die Böschung hinunter zu den Sumpfwiesen von wo der Nebel immer näher kam und sich langsam die Böschung hinauf arbeitete.
Sie waren gerade fünf Minuten unterwegs da trat etwas Riesiges aus dem Nebel heraus vor ihnen auf die Straße. Da Oliver nur sehr langsam gefahren war konnte er gerade noch rechtzeitig bremsen. Denn was da nur wenige Meter vor ihnen auf der Straße stand war ein riesiger Elch – fast augenblicklich gefolgt von einem kleinen Elch.
Es war eine Elchkuh mit ihrem Kalb und sie wirkten im ersten Moment wie Wesen aus einer anderen Welt. Beide blieben mitten auf dem Weg stehen und schauten die vier Menschen in ihrem Auto mit großen Augen an.
Oliver, Susanne und die beiden Kinder erstarrten förmlich im Auto – nicht vor Angst – sondern vor Ehrfurcht.
Die Elchkuh war aber auch eine imposante Erscheinung: ein leicht buckeliger Körper mit rotbraunem Fell,

durch und durch mit Muskeln bepackt und fast zwei Meter groß, stand auf langen Beinen, die heller waren als der Rest des Körpers, direkt vor ihnen. Die langen, ovalen Ohren spielten leicht hin und her und die großen schwarzen Augen beobachteten aufmerksam die Menschen in dem Auto. Alles schien so unwirklich durch den Nebel und vor allem die Kinder konnten kaum glauben was sie ausgerechnet heute am letzten Tag in Norwegen zu sehen bekamen. Die Elchkuh und ihr Kalb blickten mit ihren großen Augen so lieb und waren scheinbar so nah das die Bergers sich beherrschen mussten um nicht auszusteigen damit sie die beiden streicheln konnten.
Als Mutter und Kind sich dann wieder in Bewegung setzten um langsam im Wald zu verschwinden folgten ihnen acht strahlende Augen. Wie lange diese märchenhafte Begegnung dauerte – wer mochte das schon sagen? Sie hatten in den drei Urlaubswochen so viel Schönes gesehen und erlebt und trotzdem hatte sich die ganze Familie gewünscht doch einmal einen Elch zu sehen – und nun das.
Ein Traum war in Erfüllung gegangen und ein unvergesslicher Moment würde für immer in Erinnerung bleiben.

EINE GANZ BESONDERE BEGEGNUNG

Es war ein leicht verregneter Mittwochvormittag. Manfred hatte ein paar Tage Urlaub und wollte seinen Freund besuchen der wegen einer OP im Krankenhaus lag.
Die Fahrt dorthin dauerte weniger als 30 Minuten. Der Parkplatz direkt am Krankenhaus war voll und so fuhr Manfred auf einen Ausweichparkplatz welcher etwas weiter entfernt vom Haupteingang war. Er fand dort sofort einen Platz und der etwas längere Fußweg war für ihn als sportlicher Typ kein Problem.
Manfred machte sich auf den Weg und blieb über eine Stunde bei seinem Freund und verließ ihn mit der Gewissheit das er auf dem Weg der Besserung war. Sein Freund war hier in guten Händen aber Manfred dankte Gott trotzdem dafür das der Kelch der Krankheit bisher an ihm vorüber gegangen war!
Beim Parkplatz angekommen wollte er direkt zu seinem Auto gehen doch zu seiner Verwunderung lehnte an seinem Auto ein Mann und schien auf ihn zu warten. Manfred sah auf dem Parkplatz noch andere Personen die sich zu ihren Fahrzeugen begaben – er war also nicht alleine.

Aber warum lehnte sich dieser Mann dann ausgerechnet an sein Auto das nun wirklich ein unansehnlicher, alter Kleinwagen war. Nicht nur das – der Mann schien ihn mit seinem Blick direkt zu fixieren. Das war alles schon etwas merkwürdig und während Manfred jetzt direkt auf sein Auto zuging nahm er sich vor diese Situation direkt mit dem Mann zu klären.
Beim Auto angekommen standen sich beide kurz schweigend gegenüber und Manfred konnte den Mann nun erst einmal richtig in Augenschein nehmen:
Er und Manfred waren praktisch gleich groß und der Mann war sehr hager. Eine zerschlissene Jacke und eine geflickte Hose ließen sein Äußeres in keinem guten Licht erscheinen. Ein Oberlippenbart und dunkle, braune Augen rundeten sein Erscheinungsbild ab.
Bevor Manfred etwas sagen konnte sprach der Mann ihn an:
„ Guten Morgen. Sie fahren doch jetzt wieder nach Hause, könnten Sie mich da ein Stück mitnehmen? Ich habe den Bus verpasst und das Laufen fällt mir schwer. Das wäre sehr nett von Ihnen."
Manfred wußte nicht wie ihm geschah. Woher konnte der Mann wissen das er jetzt wieder nach

Hause wollte und in welche Richtung er fahren würde??
Aber auch wenn er nicht einmal den Namen des Mannes wusste, konnte Manfred nicht anders und sagte er spontan:„ Sie können gerne mitfahren. Sie müssen mir nur sagen wo ich anhalten soll damit Sie aussteigen können."Der Mann bedankte sich und sie stiegen ein. Manfred fuhr los.
Noch auf dem Parkplatz fing der Mann an zu erzählen. Über seine Familie, seine Krankheit und seinem verlorenem Arbeitsplatz. Manfred hörte einfach wie gebannt zu und brachte es nicht fertig auch nur einmal ein Wort zu sagen. Nach nur 10 Minuten Fahrt wollte der Mann an einer Bushaltestelle aussteigen und bat Manfred anzuhalten. Bevor er ausstieg sagte er zu Manfred:
„ Ich weiß das Sie ähnliche Probleme haben wie ich, darum danke ich Ihnen umso mehr das Sie mir zugehört haben. Aber wissen Sie, wenn ich auch nur einen Freund gehabt hätte der so hilfsbereit gewesen wäre wie Sie und mit einem offenen Ohr für die Probleme eines Freundes dann wäre mein ganzes Leben anders verlaufen! Leben Sie wohl."
Mit diesen Worten stieg er aus, machte die Autotür hinter sich zu und verschwand in der Menschenmenge. Manfred war wie versteinert.

Er wußte nicht wie lange er dort gestanden hatte – bis hinter ihm ein Bus hupte.
Manfred fuhr weiter aber auf seinem ganzen Weg und auch noch zu Hause ging ihm diese mysteriöse Begegnung nicht aus dem Sinn. Vor allem diese Abschiedsworte des Mannes und deren ungeheure Bedeutung beschäftigten ihn.
Je mehr und je öfter Manfred sich mit dieser Begegnung beschäftigte umso klarer wurde ihm das diese eine besondere Bedeutung für ihn hatte.
Er hat nie jemanden davon erzählt aber es gab immer wieder Augenblicke in seinem Leben da hatte er diese Begegnung vor Augen und die Worte in den Ohren als wäre alles gerade erst geschehen....

IM PARK MIT OPA HEINZ

Es war ein wunderschöner Sommertag, warm und mit strahlend blauem Himmel.
Opa Heinz war wie jeden Tag – wenn es das Wetter zuließ – unterwegs. Er war Witwer und ging dann immer durch den großen Park den auch seine Frau so geliebt hatte.
Opa Heinz – er wurde nicht nur von Kindern sondern auch von den jüngeren Hausbewohnern so genannt - machte seine erste Pause an dem kleinen und schön gelegenen See. Er setzte sich dort auf eine Bank und genoss die warmen Sonnenstrahlen bei einem Blick über die glitzernde Wasseroberfläche die sich ganz sanft wiegend bewegte.
Heinz war eine imposante Erscheinung: ungefähr 1,90m groß und nicht dick zu nennen, sondern mit stattlichem Körperumfang ausgestattet. Sein Kopf war geprägt von einer hohen „Denkerstirn" und seine blauen Augen blickten freundlich und aufmerksam in die Welt. Seine Hose wurde von zwei breiten Hosenträgern gehalten und darüber trug er eine Weste mit vielen Taschen.
Nachdem Opa Heinz eine Weile auf der Bank gesessen und die Schwäne auf dem See beobachtet hatte griff er in eine seiner Westentaschen,

holte eine Zigarre heraus und zündete diese an. Danach stand er auf, verschränkte seine Hände hinter dem Rücken und ging mit sich und dieser Welt zufrieden, weiter durch den Park.
Nach einer Weile sah er vor sich ein junges Pärchen Hand in Hand und offensichtlich sehr verliebt, spazieren gehen.
Opa Heinz konnte ja beide nur von hinten sehen auch wenn er ihnen langsam näher kam aber beide schienen doch attraktiv zu sein.
Sie hatte schulterlange blonde Haare und trug eine engsitzende, figurbetonte schwarze Jeanshose und ein weißes T-Shirt. Er trug auch eine schwarze Hose und ein weißes enganliegendes Shirt. Dadurch konnte Heinz auch von hinten die muskulösen Oberarme sehen.
Als der Mann dann bei ihr mit seiner Hand leicht den Rücken hinauf strich und mit ihrem blonden Haar spielte nahm Opa Heinz seine Zigarre aus dem Mundwinkel und musste unwillkürlich schmunzeln denn in Gedanken sah er sich und seine Frau in der Jugend dort vor ihm gehen. Er steckte sich die Zigarre wieder zwischen die Lippen und dachte im weitergehn an vergangene Zeiten.

Kurze Zeit später näherte sich das Pärchen einer kleinen Wiese. Dort spielten kleine Kinder Fußball und während die beiden dort vorbei gingen wurde der Mann von dem Ball getroffen. Die beiden blieben stehen, lachten und winkten den Kindern zu.
Opa Heinz dachte nur: die beiden sind auch noch Kinderlieb, wirklich ein perfektes Paar!
In dem Augenblick als Opa Heinz an den beiden vorbei gehen wollte nahm der Mann die Frau in die Arme und küsste sie.
Heinz konnte der Versuchung nicht wiederstehen sich umzudrehen damit er die beiden auch mal von vorne sehen konnte.
Er blieb stehen, sah zu den beiden hin und aus seinem weit geöffneten Mund viel die Zigarre heraus – denn vor ihm knutschten zwei von männlichem Geschlecht!
Man ist eben niemals vor Überraschungen sicher!

ÄNGSTE IN DER NACHT

Sarah kam am frühen Samstagmorgen nach Hause. Es war 4:30 Uhr und ein frischer und kühler Frühlingstag kündigte sich an.
Sarah war guter Laune denn sie kam von der Geburtstagsfeier ihrer besten Freundin. Das sie noch Auto fahren musste hatte sie nicht gestört denn zum Feiern und fröhlich sein brauchte sie keinen Alkohol. Es war natürlich noch dunkel als Sarah in ihr Carport fuhr, den Motor abstellte und ausstieg. Da sie vergessen hatte die Außenbeleuchtung vor ihrer Abfahrt einzuschalten und auch der Mond nicht am Himmel zu sehen war bewegte sie sich langsam und unsicher auf ihre Haustür zu.
Auf einmal hörte Sarah ein knarren und ein Geräusch so als wenn eine Gartentür ins Schloß fällt. Sie erschrak und fragte sich woher dieses Geräusch wohl gekommen war und wer es verursacht hatte. Der Wind konnte es nicht gewesen sein denn es war kein Windhauch zu spüren. Wahrscheinlich war es eine Katze.
Sarah ging weiter zur Haustür.

Plötzlich glaubte sie Schritte zu hören. Sie versuchte in die Richtung zu blicken aus der sie die vermeintlichen Schritte gehört hatte.
Und richtig: Sarah sah das aufblitzen einer Taschenlampe. Ihr Herz schlug rasend schnell und der Herzschlag dröhnte in ihren Ohren.
Der Verstand sagte ihr: Beeil dich um ganz schnell ins Haus zu kommen!
Aber sie konnte nicht, denn scheinbar waren ihre Beine schwer wie Blei. Waren das Einbrecher oder war das jemand der noch schlimmeres vor hatte. Sarah starrte weiter wie gebannt in die gleiche Richtung. Da, das Licht kam immer näher. Fast direkt auf sie zu so als ob derjenige sie gesehen hätte. Lauf doch endlich weg oder fang an zu schreien damit dich vielleicht jemand hört und der Unbekannte da vorne das Weite sucht, so schreit ihre innere Stimme, ihr Verstand. Vor Sarahs geistigem Auge entstehen entsetzliche Bilder von Dingen die so ein Verbrecher mit einer alleinstehenden Frau alles machen würde.
Denn das dies ein Verbrecher war der da mit der Taschenlampe von Haus zu Haus ging – das stand für sie unverrückbar fest!

Als dann der Lichtkegel immer näher kam und sie dann auch noch erfasste fing Sarah an am ganzen
Körper zu zittern und sie klammerte sich mit beiden Händen an ihre Handtasche als würde ihr Leben davon abhängen.
Der Lichtkegel hatte sie nun voll erfasst und es gab kein entrinnen mehr........
„Ich wünsche Ihnen ein schönes Wochenende!" Mit diesen freundlichen Worten drückte ihr der Mann die Tageszeitung in die Hand und ging weiter.

DER MÖRDER MIT DER AXT

Es ist ein kalter Wintertag. Dieser war wunderschön gewesen und ging jetzt langsam in der Abenddämmerung der eisigen Kälte der Nacht entgegen. Frau Holle hatte ihr schönstes Winterkleid angelegt und die ganze Landschaft mit glitzerndem weißem Schnee überzogen.
Wir befinden uns auf einem Bauernhof am Rande eines Dorfes. Die Familie Gangheimer bewirtschaftet diesen Hof schon seit mehr als Zweihundert Jahren. Auch jetzt lebten, liebten und arbeiteten drei Generationen unter einem Dach.
Ein großer Mann stand versteckt und windgeschützt an einer Ecke des etwas abseits liegenden Schweinestalls. Er trug einen bis zum Knöchel reichenden dunklen Mantel, hatte eine Mütze auf und ein Tuch über das Gesicht gezogen. Nur seine braunen Augen waren noch zu sehen.
Diese Augen sahen sich um und beobachteten aufmerksam das Umfeld des Mannes.
Eine Tür im Wohnhaus des Hofes öffnete sich. Die Abenddämmerung wurde kurz von einem Lichtstrahl erhellt und Kinderlachen und Schritte waren zu hören.

Der Mann erstarrte vor Erregung, warf einen Blick um die Ecke und sah ein etwa 14 jähriges Mädchen mit einem Eimer in der Hand auf den Schweinestall zukommen. Der Mann dachte: hoffentlich kommt sie direkt hierher und hoffentlich habe ich endlich die richtige gefunden.
Seine rechte Hand kam langsam unter seinem Mantel hervor welche etwas großes, schweres umklammerte – eine Axt!
Im silbernen Blatt der Axt spiegelten sich die Eiskristalle des Schnees. Der Mann machte sich Sorgen ob er mit Ihr auch sofort richtig treffen würde. Er hatte sie vor ein paar Tagen neu gekauft und war mit ihr noch nicht richtig vertraut aber ihre Schneide hatte er dennoch besonders liebevoll geschärft. Das er sie so schnell würde gebrauchen und einsetzen können war für ihn wie ein Glücksgefühl.
Je näher die Schritte des Mädchens kamen umso fester umklammerte er den Stiel der Axt. In Gedanken ging er noch einmal seinen Plan durch und fragte sich ob er mit ihr die richtige ausgesucht hatte. Aber für Zweifel war es jetzt zu spät.

Sein Adrenalin Ausstoß vervielfachte sich als er die Axt langsam anhob und auch mit der zweiten Hand umfasste.

Das Herz des Mannes schlug so schnell und laut das er die Schritte des Mädchens nicht mehr hörte. Darum schaute er noch einmal ganz vorsichtig um die Ecke. Nun hatte er die Axt mit beiden Händen hoch erhoben und da kam das Mädchen auch schon um die Ecke des Stalls. Noch eine letzte Sekunde des Zögerns und dann schlug der Mann zu und traf genau so wie er sich das vorgestellt hatte. Das auftreffen des kalten Stahls löste bei ihm eine Hitzewelle aus. Als hätten die Schweine in dem Stall etwas gemerkt setzte dort ein lautes quieken ein. Das war unerwartet und nicht schön aber es verbarg sein weiteres handeln – nur musste er sich jetzt beeilen.

Der Mann schlug noch zweimal zu bis sein Werk vollendet war. Dann holte er tief Luft und schaute auf das Mädchen hinunter.

Danach trugen Vater und Tochter den frisch gefällten Tannenbaum gemeinsam in das Haus hinüber.

EIN BESONDERER TAG IM WALD

Dieser Sommertag war genau wie die Tage davor: heiß und trocken. Für die einen ein Fluch für die anderen etwas Traumhaftes und lange herbei Gesehntes. Am Stadtrand gab es einen Wald dessen schattige Kühle so mancher Mensch zu schätzen wusste.
In diesem Wald lag etwas versteckt und sehr idyllisch ein kleiner See.
Einige Spaziergänger gingen langsam im Schatten der Bäume auf dem ausgewiesenen Wanderweg spazieren.
In diesem See war baden verboten aber bei dieser Hitze kam es immer wieder vor das dieses Verbot missachtet wurde.
Von allen Personen unbemerkt war eine junge Frau ins Wasser gesprungen und ein Stück in den See hinaus geschwommen.
Die Spaziergänger hörten auf einmal laute Hilferufe. Erstaunt und erschrocken sahen sie die junge Frau in dem See welche voller Panik wild im Wasser um sich schlug. Ungefähr 20 m vom Ufer entfernt drohte sie zu ertrinken. Doch was war zu tun? Die Spaziergänger waren alles alte Leute und keiner konnte schwimmen oder hatte ein Handy dabei.

So fingen sie dann auch laut an zu rufen und zu schreien während einer von ihnen so schnell es ging zum nächsten Haus unterwegs war.
Ein junger Mann war am joggen und hatte das laute Rufen gehört. Er kam angelaufen, sah was geschehen war und setzte sofort mit seinem Handy einen Notruf ab. Auf die Frage der alten Leute bestätigte der Mann das er auch schwimmen konnte.
Aber obwohl er von den anderen bedrängt wurde unternahm er – nichts. Der Mann blieb am Ufer stehen und beobachtete aufmerksam die schreiende Frau im Wasser deren Bewegungen immer schwächer wurden. Plötzlich sprang er ins Wasser und schwamm zu der jungen Frau, nahm sie in den Rettungsgriff und brachte sie sicher ans Ufer. Dort wurden die beiden von den Spaziergängern in Empfang genommen welche sich gleich um die junge Frau kümmerten. Diese stand ganz offensichtlich unter Schock und blickte richtig panisch um sich. Nur wenige Augenblicke später kam auch schon der Rettungswagen und das Personal übernahm alles Weitere.
Nun hatten die Spaziergänger Zeit sich mit Vorwürfen und sogar Beschimpfungen über den Mann her zu machen.

Er hätte doch viel eher eingreifen müssen und nun sei es seine Schuld das die Frau beinahe ertrunken wäre! Der Mann blieb aber ganz ruhig und erwiderte: „Bei einem Kind wäre ich sofort hinaus geschwommen aber diese Frau war so in Panik – verständlicher Weise – das ich damit rechnen musste das sie Kräfte entwickeln würde denen ich nicht gewachsen gewesen wäre.
Sie hätte dadurch uns beide gefährdet und im schlimmsten Fall mich auch in den Tod gerissen. Der Rettungswagen war ja auch noch nicht da und sie alle hätten uns nicht helfen können und nur zugesehen wie wir beide ertrinken!"
Mit dieser Antwort hatte niemand gerechnet und auch wenn einige das Gesagte noch nicht begreifen konnten – jeder dachte darüber nach.

KOMPLIMENTE

Brigitte Sander ist eine Frau von 43 Jahren. Mit ihren langen schwarzen Haaren, ihren braunen Augen und – soweit optisch erkennbar – einer perfekten Figur wird sie nicht nur von den Männern als sehr attraktiv bezeichnet.
Brigitte hat all das geschafft was sie erreichen wollte: Sie hat Karriere gemacht und ist nun Leiterin eines sehr großen Supermarktes mit fast 100 Angestellten. Durch schlechte Erfahrungen in ihrer Jugend hat sie sich gegen Familie und Kinder entschieden und all ihre Energie der Karriere gewidmet. Sie hatte einige kurze Beziehungen die von ihrer Seite immer abgebrochen wurden wenn die Gefahr bestand das vielleicht doch etwas Ernstes daraus werden würde.
Ihre Arbeitswoche ging von Montag bis Samstag und fast immer waren es 12-14Std. am Tag. Bei ihren Angestellten war sie nicht besonders beliebt denn in ihrem ganzen Auftreten gab sie sich arrogant, überheblich, unnahbar und Karriere süchtig.
Vorgestern hatte Brigitte Besuch aus der Zentrale des Unternehmens.

Bevor die Delegation wieder ging wurden ihr von allen Seiten Komplimente gemacht wie gut sie ihren Markt doch führen würde. Das war ihr aber überhaupt nicht recht denn dadurch fühlte sie sich gezwungen noch mehr zu machen, noch mehr zu leisten – und das bekamen dann auch ihre Angestellten zu spüren.
Gestern Morgen kam Brigitte in ihr Büro und es wartete schon der Vertreter eines Lieferanten auf sie. Dieser begann das Gespräch damit indem er ihr ein Kompliment über ihr Aussehen und die geschmackvolle Einrichtung des Büros machte. Damit hatte er sich aber einen Bärendienst erwiesen denn Brigitte dachte sofort: Du Idiot willst doch nur möglichst viel verkaufen und meinst mit diesen nicht stimmenden Komplimenten hättest du bei einer Frau mehr Erfolg. Aber so nicht und mit mir erst recht nicht!
Der Mann verließ das Büro ziemlich frustriert.
Als sie heute Morgen in das Büro ihrer Sekretärin kam machte ihr diese ein unerwartetes Kompliment: „Sie sehen heute aber besonders hübsch aus. In diesem Kleid habe ich Sie noch nie gesehen und es steht Ihnen ausgezeichnet!"

Brigitte war wie vom Blitz getroffen und dachte nur: Jetzt fängt die auch noch an sich bei mir ein zu schleimen. Das werde ich mir merken denn nun weiß ich woran ich bei ihr bin!
Die Sekretärin war an diesem Tag froh als sie nach Hause fahren konnte!
Am Wochenende kamen einige von Brigittes Angestellten bei einer Fahrradtour zufällig an ihrem Haus vorbei während sie im Vorgarten am arbeiten war. Die Angestellten hielten an und machten ihr Komplimente über den sehr schön gestalteten Garten. Für Brigitte waren die Komplimente erstunken und erlogen und reine Schleimerei denn sie persönlich hielt die Gärten ihrer Nachbarn für viel schöner. Als sie am Montag wieder in den Supermarkt kam hatten die Angestellten kein leichtes Leben bei ihr. Die Stimmung im Markt wurde immer schlechter: die Mitarbeiter gingen ihr aus dem Weg wo sie nur konnten, grüßten sie nicht mehr und sprachen nur mit ihr wenn Betriebsnotwendige Dinge unbedingt mit ihr besprochen werden mussten.
Am Donnerstag hatte Helga - eine Mitarbeiterin - ihren letzten Arbeitstag denn sie ging in Rente.

Aber statt eines Abschiedes in größerem Rahmen bat sie Brigitte um ein Einzelgespräch.
Etwas verwundert war diese auch einverstanden.
Helga brachte das Gespräch auch gleich auf den Punkt: „Frau Sander, ich bin heute die Sprecherin Ihrer Mitarbeiter. Sie waren schon seit Sie hier sind nicht unbedingt eine Chefin zum gerne haben aber was Sie in den letzten 1 ½ Wochen ihren Angestellten zumuten ist nicht mehr akzeptabel. Sie lassen Ihre persönlichen Probleme an den Mitarbeitern aus und sie sind auch leider in einer Position in der Sie das können. Sie sollten sich aber auch vor Augen halten das schlecht geführtes Personal auch schlecht arbeitet und keine 100% an Leistung bringt!"
Brigitte rastete aus und brüllte los: „Was denken Sie sich eigentlich? Ich führe mein Personal wie ich es für richtig halte und private Probleme habe ich nicht und wenn dann mache ich sie mit mir selber aus!"
Helga unterbrach sie: „Warum rasten Sie dann regelmäßig aus wenn man Ihnen Komplimente macht? Ich sage Ihnen warum: Sie können keine Komplimente annehmen als das was sie sind – als Lob, als Anerkennung, als Aufmunterung, als Sympathie Bekundung!"

Brigitte starrte sie nur ungläubig an als Helga fortfuhr: „Sie brauchen Hilfe! Ich kann Ihnen diese Hilfe vermitteln und Sie nur innständig bitten die Hilfe anzunehmen – zu ihrem eigenen Besten und damit zum Besten aller!"

Das Gespräch zwischen den beiden dauerte noch zwei Stunden und wir wissen nicht wie die Hilfe aussah welche Helga angeboten hatte. Aber die Wirkung machte sich nach und nach bemerkbar – denn Freundlichkeit und vor allem Menschlichkeit hielten ihren Einzug in diesen Supermarkt!

EIN GANZ NORMALER ANGELTAG

Es ist Sommer und Jürgen hat drei Wochen Urlaub. Die ersten beiden Wochen hat er damit verbracht Sachen zu erledigen die im Laufe der Zeit liegen geblieben waren. Das unangenehmste hat er für die zweite Urlaubswoche aufgehoben: die Steuererklärung. Als er diese dann mit viel Fleiß und Schweiß fertig hatte und auch der Gang zum Finanzamt erledigt war beschloss Jürgen spontan sich etwas Gutes zu gönnen: er wollte am nächsten Tag angeln gehen.
So machte er denn vom Finanzamt kommend den Weg zum Angelgeschäft und kaufte sich eine Dose mit Regenwürmern und eine mit Mehlwurmern. Voller Vorfreude fuhr Jürgen nach Hause, suchte seine Ausrüstung zusammen und ging frühzeitig zu Bett da er am nächsten Morgen sehr früh aufstehen wollte. Nachdem am anderen Morgen der Wecker um 4:00 Uhr geklingelt hatte machte sich Jürgen zügig auf den Weg zu dem See an welchem er angeln wollte. Da er an einem Donnerstag angelte hatte Jürgen Glück und den ganzen See für sich alleine. Er suchte sich einen Platz und warf seine beiden Angeln aus.

Nachdem er sich in seinen Klappstuhl gesetzt hatte fand er auch genug Zeit und Muße um seine Blicke und Gedanken ausgiebig schweifen zu lassen.
Endlich einmal abschalten, entspannen und sich in Gedanken nur mit der wunderbaren Natur um sich herum zu beschäftigen. Rechts und links von ihm nur das saftige grün vom Blätterwald der Bäume welche ihre Kronen wie ein schützendes Dach über ihn neigten. Von der langsam wandernden Sonne mit ihren glitzernden Strahlen wurde die Oberfläche vom See in eine zauberhafte Märchenwelt verwandelt. Der Himmel strahlte in seinem schönsten blau und es war nur ein einsames Wölkchen zu sehen. Als Jürgen das Ganze dann richtig auf sich wirken ließ und dann auch noch die Melodien des Vogelchores dazu kam – schlief er in seinem Klappstuhl ein.
Als er wieder wach wurde sah er direkt neben sich - eine Meise. Das ist ja in der Natur nicht ungewöhnlich aber die Meise saß auf der offenen Dose mit den Mehlwürmern, hatte einen im Schnabel und sah Jürgen an als wollte sie sagen: die schmecken mir und meinen Kindern auch – darf ich?

Jürgen rührte sich nicht, die Meise flog weg und er war gespannt wie es weiter gehen würde. Schon wenige Augenblicke später kam sie wieder und holte sich so nach und nach sechs von den Mehlwürmern.
Egal was der restliche Tag auch noch bringen würde dieser Augenblick war nur für ihn und nur er hatte diesen wunderbaren Augenblick erlebt wie es sich anfühlt mit der Natur eins zu sein!

EIN SCHRITT BIS ZUM ABGRUND

Nun war es soweit! Jetzt stand er hier – nur noch einen Schritt vom Abgrund entfernt und es gab für ihn keinen Weg zurück!
Auch mit seinen Erfahrungen aus 39 Lebensjahren hatte er nicht verhindern können das nur ein Schritt weiter nichts als Luft auf ihn wartete.
Das es ausgerechnet ihm so ergehen würde hätte er nie für möglich gehalten.
Hier und heute an diesem schönen Sommertag unter strahlend blauen Himmel sollte alles zu Ende sein? Wie im Zeitraffer lief noch einmal sein bisheriges Leben an seinem inneren Auge vorbei.
Seine Kindheit und Jugend die eigentlich sehr schön gewesen war. Träume die er hatte und von denen auch viele in Erfüllung gegangen waren. Wie wohl viele andere Männer auch tat er alles um einen guten Beruf zu erlernen, eine Familie zu gründen und ein Haus zu bauen. Es war nicht einfach gewesen und Enttäuschungen waren ihm nicht erspart geblieben aber er hatte alles erreicht was er sich vorgenommen hatte.
Er liebte seine Frau und die vier Kinder über alles und diese liebten ihn – das wußte er ganz genau.

Aber so absurd es war – gerade diese Liebe veranlasste ihn jetzt diesen letzten Schritt zu gehen!
Sein Herz raste und das Blut rauschte in seinen Ohren. Er sah noch einmal zurück und blickte ein letztes Mal in den strahlenden blauen Himmel.
Dann nahm er seinen ganzen Mut zusammen, tat den letzten Schritt und ließ sich fallen!
Er hatte seine ganze Angst überwunden und war das erste Mal in seinem Leben von einem drei Meter Brett im Freibad gesprungen und tauchte nun unter dem Applaus seiner Familie ins Wasser ein!

TRÄNEN

Britta war eine sehr hübsche 26jährige Frau und von Beruf Rechtsanwaltsgehilfin. Sie hatte sich heute ganz spontan einen Tag Urlaub genommen denn seit gestern – ihrem 26. Geburtstag – fühlte sie sich als die glücklichste Frau der Welt!
Ihr Freund Sören, mit dem sie seit sieben Jahren zusammen war, hatte ihr die Fragen aller Fragen gestellt und es gab für sie natürlich nur eine Antwort darauf: Ja, ich will!
Britta war so glücklich das sie diesen Moment auch heute, dem Tag danach, immer wieder durchlebte:
Das romantische Essen bei Kerzenlicht und der Strauß rote Rosen. Sören der vor ihr kniete und ihr die kleine Schachtel mit einem Ring entgegen hielt. Mit strahlenden Augen sprach er dann Worte die sie nie vergessen würde:
„Ich weiß wie sehr du Perlen liebst darum bitte ich dich, nimm diesen mit Perlen besetzten Ring von mir. Du bist die schönste aller Perlen für mich, so edel, rund und rein. Es wäre die Erfüllung all meiner Träume für mich wenn du für immer die Perlenkönigin an meiner Seite sein würdest. Willst du meine Frau werden?"

Britta lehnte sich zurück und vor ihrem geistigen Auge lief dieser Moment auch jetzt wieder ab und langsam kamen ihr dabei die Tränen. Aber je öfter sie diesen Augenblick noch einmal durchlebte umso unruhiger wurde sie.
Doch warum nur? Es war doch ein perfekter und rund herum gelungener Heiratsantrag gewesen. Doch halt! Was war das eben und was hatte Sören doch gesagt: „Du bist so edel, rund und…". Stopp! Das war es!
Rund! Ruuuund? Britta war entsetzt!
Rund wie eine Perle? War sie in Sörens Augen etwa zu rund? Das heißt zu dick?
Warum hatte er vorher nie etwas gesagt? Hatte er das Wörtchen <u>rund</u> in den Antrag eingebaut um ihr dezent zu sagen das sie bis zur Hochzeit noch abnehmen muss? Brittas Tränen liefen stärker und unaufhaltsam die Wangen hinunter. Dabei hatte sie doch eine gute Figur – zumindest gab es niemanden der bis jetzt etwas Gegenteiliges behauptet hatte – bis auf Sören in seinem Antrag. Warum war er nicht so ehrlich und hat ihr schon vorher gesagt das er sie zu rund findet?
Was bildet der Typ sich überhaupt ein? Ihr in so einem Moment so etwas an den Kopf zu werfen! Wie sollte sie ihm in der Ehe jemals vertrauen wenn sie alles was er zu ihr sagen würde hinterfragen müsste?

Britta geriet langsam aber sicher so richtig in Rage – was dann aber auch zu Folge hatte das die Tränen noch reichlicher flossen.
Und überhaupt so eine Äußerung in einem Heiratsantrag das war doch Beleidigung, Diskriminierung und seelische Grausamkeit. Jedes einzelne für sich und auch alles zusammen!
Ich verklage den Kerl dachte Britta – mittlerweile ganz erzürnt. Wozu arbeite ich bei einem Rechtsanwalt? Die Hochzeit kann er sich auch abschminken! Sören wird es bereuen sich mit mir angelegt zu haben!
Ihre Tränen liefen immer stärker. Sie hörte auf die Zwiebeln schälen, schmiss diese wutentbrannt in den Mülleimer und rannte zum Telefon um beim Anwalt anzurufen.

DER SCHÖNSTE MOMENT DES TAGES

Die beiden waren seit zehn Jahren ein Paar. Sie hatten eigentlich nie große Meinungsverschiedenheiten gehabt und wenn dann waren es nur Kleinigkeiten die dann schnell aus der Welt geschafft wurden.
So wachten sie heute wie jeden Morgen nebeneinander auf. Wie meistens war sie die erste die aufstand um einen Blick aus dem Fenster zu werfen. Das was sie sah war nicht besonders freundlich zu nennen. Dieser Herbstmorgen präsentierte sich kalt und regnerisch - kurz ziemlich ungemütlich. Da würde der Morgenspaziergang wohl etwas kürzer ausfallen als sonst. Aber im Großen und Ganzen spielte das Wetter bei den beiden keine Rolle denn dieser Spaziergang war ein Ritual das sie sich auch durch schlechtes Wetter nicht nehmen ließen.
Sie drehte sich um und sah liebevoll zu ihrem Lebensgefährten welcher immer noch nicht aufgestanden war und sich gerade ausgiebig reckte. Der Kinderwunsch war leider nicht in Erfüllung gegangen aber damit hatten sie sich abgefunden und nun genossen sie das gemeinsame Leben Seite an Seite in vollen Zügen.

Langsam kam auch leben in das Haus.
In der Wohnung über ihnen stand der alleinstehende Herr Meier ganz unüberhörbar unter der Dusche. Auf dem Flur hörten sie die Schritte von Herrn Neumann aus der Nachbarwohnung der zu Arbeit musste und die Haustür leise hinter sich zu machte.
All das waren tägliche Geräusche an die sie sich gewöhnt hatten und die irgendwie auch zu ihrem Leben gehörten.
Jetzt war auch ihr Lebensgefährte aufgestanden und an ihre Seite getreten. Dann ging die Tür zu Küche auf und Waldi und Arabella konnten an ihren Fressnapf und sich die erste gemeinsame Mahlzeit schmecken lassen.

NIEMAND ENTGEHT SEINEM SCHICKSAL

Es war schon nach Mitternacht und der Mond hatte sich zum größten Teil hinter einer Wolkenwand versteckt.
Udo war nach einem Streit mit seiner Frau noch auf der Straße unterwegs um frische Luft zu tanken und seine Gedanken zu ordnen. In diesem Teil der Stadt war jetzt um kurz nach Mitternacht alles ruhig zumal an der Straße schon seit Jahren einige Häuser leer standen. Das einzige was Udo hörte waren seine eigenen Schritte auf dem Asphalt. Regen setzte ein und er wechselte die Straßenseite weil große Bäume dort standen die ihm Schutz bieten würden.
Auf einmal sah er den Lichtkegel eines Autos auf sich zukommen. Das Auto – ein PKW – kam durch die Kurve vor ihm gefahren, wurde sofort langsamer und bog in die Auffahrt eines der leer stehenden Häuser ein und blieb dort stehen. Nur wenige Augenblicke
später sah Udo wieder die Lichter eines Autos nahen welches auch in die gleiche Einfahrt einbog wie der andere Wagen.
Was war da los? Das war doch mehr als seltsam.
Udo kämpfte mit seiner Neugierde. Sollte er vorsichtig näher an die Autos herangehen oder lieber nicht?
Er war sich sicher das ihn niemand gesehen hatte da er von den Bäumen verdeckt wurde.

Bevor er sich entscheiden konnte hörte er das klappen von Autotüren. Udos Neugierde siegte und er schlich sich langsam und vorsichtig im Schutz der Bäume näher heran und konnte nun auch etwas sehen.
Die beiden PKWs standen mit abgeschaltetem Motor dort und einer hatte das Standlicht an so das er nun zwei Gestalten – offensichtlich Männer – einigermaßen erkennen konnte. Beide Männer waren ungefähr gleich groß und der eine trug eine Brille.
Die beiden redeten ganz aufgeregt miteinander ohne dabei aber so laut zu werden das Udo etwas verstehen konnte. Er wollte nun auch wissen was die beiden zu besprechen hatten und war gerade dabei den nächsten Schritt zu machen als ihn das Gefühl beschlich das es besser wäre dort stehen zu bleiben wo er war.
Er beschäftigte sich nicht mehr mit den beiden Männern sondern sah sich vorsichtig nach allen Seiten um. Zuerst sah er nichts doch dann bemerkte er direkt in der Kurve einen Schatten der sich sehr langsam in Richtung der beiden Autos bewegte!
Es war eine Person, wohl ganz in schwarz gekleidet, die sich ganz langsam und vorsichtig bewegte und offensichtlich auch nicht bemerkt werden wollte!
Udos Herz schlug so schnell und laut das es seiner Meinung nach jeder hören musste.

Seine Aufmerksamkeit wurde jetzt wieder auf die beiden Männer vor ihm gelenkt denn der Fahrer des ersten Wagens, der Mann mit der Brille, ging zu seinem Auto, öffnete die Beifahrertür und nahm eine Tasche vom Sitz die er dann dem anderen Mann überreichte. Dieser packte die Tasche wohl nicht richtig denn sie rutschte ihm aus der Hand. Der Mann mit der Brille bückte sich um sie aufzuheben. Dann geschah das für Udo unfassbare: Während dieser Mann gebückt da stand hob der andere seinen rechten Arm und ließ ihn blitzschnell herunter sausen, einmal, zweimal, dreimal – in der Hand hatte er ein Messer! Der Mann mit der Brille bäumte sich noch einmal kurz auf, fiel zu Boden und rührte sich nicht mehr!

Udo zitterte am ganzen Körper und hätte am liebsten laut geschrien aber er konnte sich nicht rühren und brachte auch keinen Ton heraus.

Wie sich nur Augenblicke später heraus stellte sollte ihm seine Lähmung und Sprachlosigkeit das Leben retten!

Die dritte Person welche sich so langsam und vorsichtig heran geschlichen hatte war ja auch noch da! Der Mörder hatte das Messer in der Hand und seine Aufmerksamkeit war noch ganz auf sein Opfer

gerichtet welches sich nicht mehr bewegte. So bekam er nicht mit das nur zehn Meter hinter ihm eine schwarze und auch im Gesicht vermummte Gestalt stehen geblieben war und nun den rechten Arm hob – in der Hand eine Pistole! Udo hörte zweimal ein leises <u>plopp</u>. Der Mann mit dem Messer zuckte zweimal heftig zusammen und versuchte noch sich umzudrehen aber in der Bewegung traf ihn die dritte Kugel. Mit einem fassungslosen Gesichtsausdruck sackte er zusammen und fiel zu Boden – das Messer mit dem er gerade selber gemordet hatte immer noch in der Hand.
Die maskierte Person sah sich noch einmal nach allen Seiten um und Udo hatte das Gefühl dieser Killer würde ihm direkt in die Augen sehen – bevor er ihn auch noch erschießt.
Auf einmal hatte er das Gefühl zu träumen denn er hörte hinter sich plötzlich laute Musik. Dies war dem Killer natürlich auch nicht entgangen und er lief ganz schnell zu den beiden Toten um sich die Tasche zunehmen.
Die Musik wurde immer lauter und die Lichter eines Autos kamen immer näher. Der Mörder rannte nun mit der Tasche in der Hand vom Tatort weg und war im Nu hinter der Kurve verschwunden und somit auch von Udo nicht mehr zu sehen.

Hinter Udo kam das Auto heran gerast. Am Lenker saß ein junger Mann der das Fenster ganz weit auf hatte während die Musik in voller
Lautstärke aus den Boxen dröhnte. Anscheinend hatte er die Kurve auf welche er zufuhr unterschätzt denn er bremste ganz stark und war schon am schlingern als er in sie einbog.
Udo hörte nur noch das kreischen der Bremsen, ein scheppern und alle Geräusche eines Unfalles. Er erwachte aus seiner Starre, rannte die Straße hinauf, durch die Kurve – und stand vor den Trümmern des Autos. Der junge Mann hatte die Kontrolle über sein Auto ganz verloren und war in der Kurvenausfahrt frontal gegen einen Baum gefahren! Udo lief zur Tür auf der Fahrerseite um zu sehen wie er dem jungen Mann helfen konnte. Was er da sah war entsetzlich denn der Mann war offensichtlich nicht angeschnallt gewesen, sah nun fürchterlich aus und der Kopf nicht mehr als menschlicher Körperteil zu erkennen.
Das Blut spritzte aus vielen Wunden – dem Mann war nicht mehr zu helfen.
Udo wurde ganz schlecht und er drehte sich um damit er sich nicht übergeben musste. Da er sein Handy nicht dabei hatte beschloss er nach Hause zu laufen um Polizei und Feuerwehr zu rufen.

Zufällig fiel sein Blick noch einmal auf den Baum, dorthin wo das Auto aufgeprallt war.
Was er dort sah kam ihm seltsam bekannt vor – es war die Tasche welche der Killer mitgenommen hatte.
Udo gefror das Blut in seinen Adern und der Angstschweiß lief auf einmal in wahren Sturzbächen über sein Gesicht. Wenn die Tasche hier war musste der Mörder auch hier sein! Stand er schon irgendwo im Dunkeln, zielte mit seiner Pistole auf ihn um jeden Moment abzudrücken? Udo fing an zu zittern, rührte sich nicht und wagte auch nicht sich umzudrehen – denn wer steht schon gerne dem Tod Angesicht zu Angesicht gegenüber?
„Stopp! Schnitt! Bis hierher haben wir alles im Kasten aber deine Angst in der letzten Szene musst du noch deutlicher zeigen", meinte der Regisseur zu seinem Hauptdarsteller.

SCHEITERHAUFEN

Bartholomeus stand da und überlegte ob er alles richtig gemacht hatte. Immer wieder war er in Gedanken alles durchgegangen und hatte nicht nur sich sondern auch die Anweisungen hinterfragt die er seinen Leuten gegeben hatte. Er konnte ganz schnell richtig sauer werden wenn er merkte das seine Befehle nicht genau befolgt wurden. Dabei stand ja nicht einmal er im Mittelpunkt sondern es war eine Frau für die hier alles vorbereitet wurde. Es war schließlich ein ganz besonderer - ein einmaliger – Tag für sie.
Bartholomeus wusste das dieses Schauspiel auch immer die Zuschauer wie ein Magnet anziehen wurde.
Im Unterbewusstsein musste er stöhnen denn es war auch seine Aufgabe dafür zu sorgen das kein Unbeteiligter dem Scheiterhaufen zu nahe kam und sein Kunstwerk eventuell Schaden nahm.
Es war das erste Mal das er mit dieser Aufgabe betraut wurde und er wußte das durchaus zu schätzen denn so ein Ereignis gab es schließlich nicht jeden Tag.
So sicher sich Bartholomeus nach außen auch gab, so unsicher war er innerlich.

Darum hatte er heimlich in der Nachbarstadt bei einem Mann nachgefragt der schon zweimal einen Scheiterhaufen bis zum heißen Ende begleitet hatte. Nun stand er vor dem Scheiterhaufen und in wenigen Augenblicken war es soweit.

Er sah das die Frau mit verbundenen Augen durch die mittlerweile versammelte Menschenmenge geführt wurde. Viele der Zuschauer fingen an zu johlen und zu klatschen.

Jetzt kam sein großer Augenblick und Bartholomeus freute sich darauf das er gleich den Befehl erhalten würde das Holz zu entzünden.

Dann war es soweit: Der Burgherr gab den Befehl den Scheiterhaufen zu entzünden. Der Frau wurde die Augenbinde abgenommen und sie begann herzzerreißend zu weinen und zu flehen obwohl sie neben dem Feuer stand und damit waren die mittelalterlichen Festspiele der Burg Lage eröffnet.

SPORT IST MORD

Ich habe mich auf dieses Ereignis penibel vorbereitet und viele Probeläufe hinter mir von denen ich den einen oder anderen leider abbrechen musste. Wenn man es zu schnell angeht bleibt dann manchmal die Luft weg und man muss eben einen Rückzieher machen. Aber nun stimmt auch mein Gewicht und es gibt keine Ausrede mehr um auf der Stelle zu kleben. Aber heute fühle ich mich fit und brenne darauf an den Start zugehen aber kaum hatte ich das Warmup hinter mir da wurde der Start meiner Gruppe verschoben.
Als Grund wurde die Überfüllung der Strecke angegeben darum müsste in zwei Gruppen gestartet werden. Das fand ich ziemlich blöd denn es war ja schließlich auch geplant das alle gleichzeitig unterwegs waren.
Aber ich konnte daran nun mal nichts ändern und es dauerte auch nicht lange bis ich mit meiner Gruppe an den Start ging und versuchte so schnell wie möglich das Ziel zu erreichen.
Es ging am Anfang auch alles glatt. Erst konnte ich mich hinter der Spitze etablieren und Druck auf diese ausüben. Nach der Hälfte der Runde setzte ich zum Zwischenspurt an und übernahm dann auch die Führung.

Aber dann kurz vor dem Ziel war es so als würde ich von einer Faust gepackt und umgeschmissen. Ich schlug lang hin und konnte mich nicht mehr aufrichten. Was war geschehen? Aber ich war nicht mehr in der Lage klar und logisch zu denken und war einfach auf die Hilfe anderer angewiesen.
Es waren laute Stimmen zu hören und ich hoffte nur das darüber geredet wurde wie man mir helfen konnte denn verstehen konnte ich nichts. Bei mir drehte sich alles und wenn es bis eben noch hell um mich herum war – nun wurde es langsam aber sicher immer dunkler denn ich bekam kaum noch Luft.
Plötzlich wurde ich gepackt und von der Strecke Getragen. Dann wurde ich wieder in meinem Startfeld aufgestellt und wartete darauf das mein Spieler eine sechs würfelte um weitere Menschen zu ärgern!

DANA-SOPHIE

Dana-Sophie war ein quirliges und aufgewecktes junges Mädchen von zwölf Jahren und ging auf die Realschule ihrer Heimatstadt. Sie hatte viele Freundinnen von denen die meisten nicht weit von ihr entfernt wohnten und sie selbst wohnte mit ihren Eltern am Stadtrand in einem schönen Haus mit großem Grundstück. In ihrer Freizeit ging sie gerne schwimmen, traf sich mit ihren Freundinnen oder saß an ihrem eigenen Computer.
Ihre Eltern – Elisabeth und Thomas – waren beide berufstätig. Elisabeth arbeitete Halbtags im Büro und Thomas in drei Schichten bei der Bahn.
Eigentlich war Dana-Sophie eine sehr gute Schülerin und hatte keine Probleme in der Schule.
In den letzten Wochen waren ihre Leistungen aber um einiges schlechter geworden und vor einigen Tagen hatte sie sogar in einer Deutscharbeit ein mangelhaft geschrieben.
Die Eltern hatten das alles bemerkt aber sie machten sich keine Sorgen und dachten das ein abwechslungsreiches Programm in den anstehenden Ferien ihre Akkus wieder aufladen würden.
So kam Ostern und Dana-Sophie hatte, wie alle anderen auch, zwei Wochen Ferien.

Ihre Eltern hatten die Woche nach Ostern auch frei so das die Familie viel zusammen unternehmen konnte. In der zweiten Ferienwoche mussten die Eltern wieder arbeiten und Dana-Sophie war dann immer einige Stunden alleine zu Hause. Eine ältere Dame aus dem Nachbarhaus hatte einen Schlüssel und kam ab und zu rüber um nach ihr zu sehen. Aber es gab keine Probleme denn sie saß meistens am Computer.
Das wiederrum viel auch den Eltern auf aber diese dachten sich: Dana hat Ferien, dann drücken wir mal ein Auge zu.
Als Elisabeth und Thomas am letzten Ferienwochenende noch etwas zusammen mit Dana-Sophie unternehmen wollten aber diese überhaupt keine Lust hatte sondern lieber am PC sitzen wollte platzte ihrem Vater der Kragen:
„Jetzt reicht es! Ich sehe nicht länger zu wie du deine Zeit am Computer verschwendest. Diese Woche war eine absolute Ausnahme. Ab sofort fragst du uns um Erlaubnis ob du den PC anmachen darfst. Und überhaupt, steck deine Nase lieber in die Bücher das macht mehr Sinn!"
Dana-Sophies Antwort kam sofort: „Aber Papa, wenn ich mich mit dem **Bild**schirm beschäftige dann ist das

Bildung. Wenn ich ein **Buch** zur Hand nehme ist das eine **Buch**ung. Was ist dir wichtiger für mich?"
Thomas stand mit offenem Mund vor seiner Tochter und wusste nicht was er sagen sollte, darum drehte er sich um und verließ das Zimmer.
Als die Schule wieder anfing machten die Eltern ihre Drohung wahr: Dana-Sophie durfte den PC nur anmachen wenn sie gefragt hatte und wenn ein Elternteil zu Hause war um in Stichproben zu kontrollieren was sie dort machte. Trotz allem blieben die Leistungen in der Schule schlecht und auch körperlich baute Dana ab. Die besorgten Eltern suchten immer wieder das Gespräch mit ihr aber sie drangen nicht zu ihr durch. Ungefähr drei Wochen nach den Osterferien fand ihr Vater der morgens von der Nachtschicht gekommen war während seine Frau und seine Tochter schon außer Haus waren, auf ihrem Schreibtisch ein Schulheft das Dana-Sophie wohl vergessen hatte.
Thomas nahm das Heft, schlug es auf – und war entsetzt: auf fast jeder Seite waren gemalte Herzen und in diese der Name „Vincent" geschrieben.
Doch wer war Vincent? Einen Jungen mit diesem Namen kannte Thomas nicht. War es vielleicht sogar ein

fremder Mann den Dana im Internet kennen gelernt hatte? Er malte sich schon die schlimmsten und schlechtesten Dinge von diesem Vincent aus. Aber wenn es doch ein Junge aus der Schule war und sie hatte sich verliebt warum machte Dana so ein Geheimnis daraus. Das wäre doch alles normal! Waren sie - Thomas und Elisabeth - so schlechte Eltern das sich ihre Tochter ihnen nicht anvertraute? Er beschloss auf seine Frau zu warten um dann mit ihr alles zu besprechen.
Als diese dann von der Arbeit nach Hause kam und ihr Thomas das Schulheft zeigte und von seinen Vermutungen aber auch Befürchtungen erzählte war auch Elisabeth bestürzt und sprachlos.
Sie beschlossen rechtzeitig zu Schule zu fahren um Dana-Sophie abzuholen. Vielleicht konnten sie ja etwas beobachten was ihnen weiterhelfen würde.
So fuhren die beiden zur Schule und warteten darauf das der Unterricht zu Ende war und alle Kinder kamen heraus nur ihre Tochter nicht.
Thomas und Elisabeth stiegen aus dem Auto und gingen in die Schule um die Klassenlehrerin zu suchen.
Diese wurde auch schnell gefunden und war ganz erstaunt als die beiden nach Dana fragten denn der

Unterricht war für die ganze Klasse schon seit einer Stunde zu Ende und Dana wäre wie immer nach der Schule noch zu Frau Haltmeier gegangen. Das Gesicht von den Eltern war ein einziges Fragezeichen. Wer war Frau Haltmeier, wo wohnte sie und was machte Dana-Sophie dort? Die Lehrerin schaute sie einen Augenblick mit einem merkwürdigen Blick an und beschrieb ihnen dann den Weg zu dieser Frau.
Thomas und Elisabeth liefen zu ihrem Auto um zu Frau Haltmeier zu fahren – die sie übrigens vom sehen kannten ohne ihren Namen zu wissen. Als die beiden zu dem Haus kamen und anhielten sahen sie Dana gerade noch um die Straßenecke gehen.
Sie fuhren gleich hinterher und Thomas hupte um sich bemerkbar zu machen.
Dana drehte sich um und erschrak als sie ihre Eltern erkannte.
Diese stiegen aus dem Auto und überhäuften ihre Tochter derart mit Fragen und Vorwürfen das diese bald anfing zu weinen. Da wurden Thomas und Elisabeth ruhiger und Dana-Sophie fing langsam an zu erzählen:
„Ich habe Frau Haltmeier durch Zufall vor Wochen kennen gelernt. Auf dem Weg von der Schule nach Hause sah ich sie langsam die Straße entlang gehen. Sie trug eine schwere Einkaufstasche und war am humpeln.

Auf einmal geriet sie ins straucheln und fiel hin wobei sich die Tasche öffnete und alles heraus fiel. Einige Kinder sahen das, fingen an zu lachen und zeigten mit dem Finger auf sie.
Ich hörte auch wie von zwei erwachsenen Frauen gesagt wurde: die Alte ist bestimmt wieder besoffen! Aber was sollte ich machen?"
Dana-Sophie sah ihre Eltern immer noch ängstlich an. Gleichzeitig wurde aber ihre Stimme immer fester und bestimmter als sie weiter sprach:
„Ihr hattet mir verboten in Kontakt mit Frau Haltmeier zu kommen. Ihr habt gesagt das keiner etwas Gutes über sie redet. Sie wäre eine einsame und verbitterte alte Frau darum wäre sie auch dem Alkohol verfallen.
Alles bei ihr wäre heruntergekommen, verdreckt und am stinken – sowohl ihr Haus als auch sie selber!
Als sie dann langsam versuchte aufzustehen und ihr immer noch niemand helfen wollte bin ich hingelaufen und habe ihr geholfen. Dann habe ich ihr die Lebensmittel wieder in die Tasche gepackt und Frau Haltmeier nach Hause begleitet.
Erst wollte sie das nicht aber dann hat sie sich bedankt. Und wisst ihr was? In ihrem Haus ist es

sauber und stinken tut es auch nicht, weder im Haus noch sie selber und ich habe nirgendwo eine Flasche Alkohol gefunden!"
Danas Blick war von ängstlich in vorwurfsvoll gewechselt und ihr Auftreten und Reden wurde immer selbstsicherer.
„Frau Haltmeier stellte mir dann ihre Familie vor: ihre beiden Hunde, von denen einer nur drei Beine hat, ihre Katze die keinen Schwanz mehr hat, die beiden Kaninchen und die drei Schildkröten.
In dem großen Schuppen hinter dem Haus hat Vincent seine letzte Heimat gefunden. Vincent ist ein kleines, altes Pony das keiner mehr haben wollte. Die anderen Tiere hat Frau Haltmeier von der Straße geholt.
Dort waren sie angefahren und verletzt oder einfach ausgesetzt worden.
Sie hat diese Tiere bei sich aufgenommen, pflegt sie und sorgt dafür das es ihnen gut geht und ich helfe ihr dabei!
Besonders Vincent wartet schon jeden Tag auf mich und begrüßt mich mit einem Nasenstupser."
Dana-Sophie sagte jetzt nichts mehr, sah Thomas und Elisabeth an und machte langsam zwei Schritte rückwärts.

Ihre Eltern hatten die ganze Zeit sprachlos zugehört und wussten auch jetzt nicht was sie sagen sollten.

Elisabeth fand als erste die Sprache wieder und es folgte die Frage die einfach kommen musste: „Warum hast du uns denn nichts davon erzählt?"

Dana-Sophies Antwort kam leise und stockend: „Ich hatte Angst davor was ihr mit mir macht wenn ich einer Frau helfe die in euren Augen nichts taugt und keine Hilfe verdient hat!"

Da fing ihre Mutter an zu weinen und ihr Vater brachte noch immer kein Wort heraus.

Sie hatten in diesen Minuten mehr über und besonders von ihrer Tochter gelernt als in den ganzen zwölf Jahren!

Dana-Sophie – ein kleines Mädchen das trotz Angst die in Vorurteilen festgefahrene Welt der Erwachsenen ins Wanken brachte!

Kurt von der Heide veröffentlichte in diesem Verlag auch noch folgendes Buch

Gedichte - meine Träume

Träumen Sie mit mir

Kurt von der Heide zeigt in diesem Buch ein breites Spektrum seiner dichterischen Ausdrucksstärke.
Er lässt seine Leser teilhaben an Gedichten und Gefühlen aus dem Leben, zum nachdenken, zum schmunzeln und einfach zum genießen.

Books on Demand
ISBN 978-3-7322-4449-2, Paperback, 56 Seiten